Manualidades

Arte con patrones

Kristy Stark, M.A.Ed.

Créditos de publicación

Rachelle Cracchiolo, M.S.Ed., *Editora comercial*
Conni Medina, M.A.Ed., *Gerente editorial*
Nika Fabienke, Ed.D., *Realizadora de la serie*
June Kikuchi, *Directora de contenido*
Caroline Gasca, M.S.Ed., *Editora superior*
Sam Morales, M.A., *Editor asociado*
John Leach, *Editor asistente*
Kevin Pham, *Diseñador gráfico*
Jill Malcolm, *Diseñadora gráfica básica*

Créditos de imágenes: Todas las imágenes de iStock y/o Shutterstock.

Library of Congress Cataloging-in-Publication Data

Names: Stark, Kristy, author.
Title: Manualidades : arte con patrones / Kristy Stark.
Other titles: Make it. Spanish
Description: Huntington Beach : Teacher Created Materials, 2019. | Audience: K to Grade 3. |
Identifiers: LCCN 2018009323 (print) | LCCN 2018014043 (ebook) | ISBN 9781425826192 (ebook) | ISBN 9781425826840 (pbk.)
Subjects: LCSH: Art--Technique--Juvenile literature.
Classification: LCC N7433 (ebook) | LCC N7433 .S6918 2018 (print) | DDC 700.2--dc23
LC record available at https://lccn.loc.gov/2018009323

Teacher Created Materials
5301 Oceanus Drive
Huntington Beach, CA 92649-1030
www.tcmpub.com

ISBN 978-1-4258-2684-0

Printed in China WAI002

Podemos ver patrones. Podemos crear arte.

Esta es una cebra.

Tiene un patrón.

Esto es arte.

Tiene un patrón.

Esta es una serpiente.

Tiene un patrón.

Esto es arte.

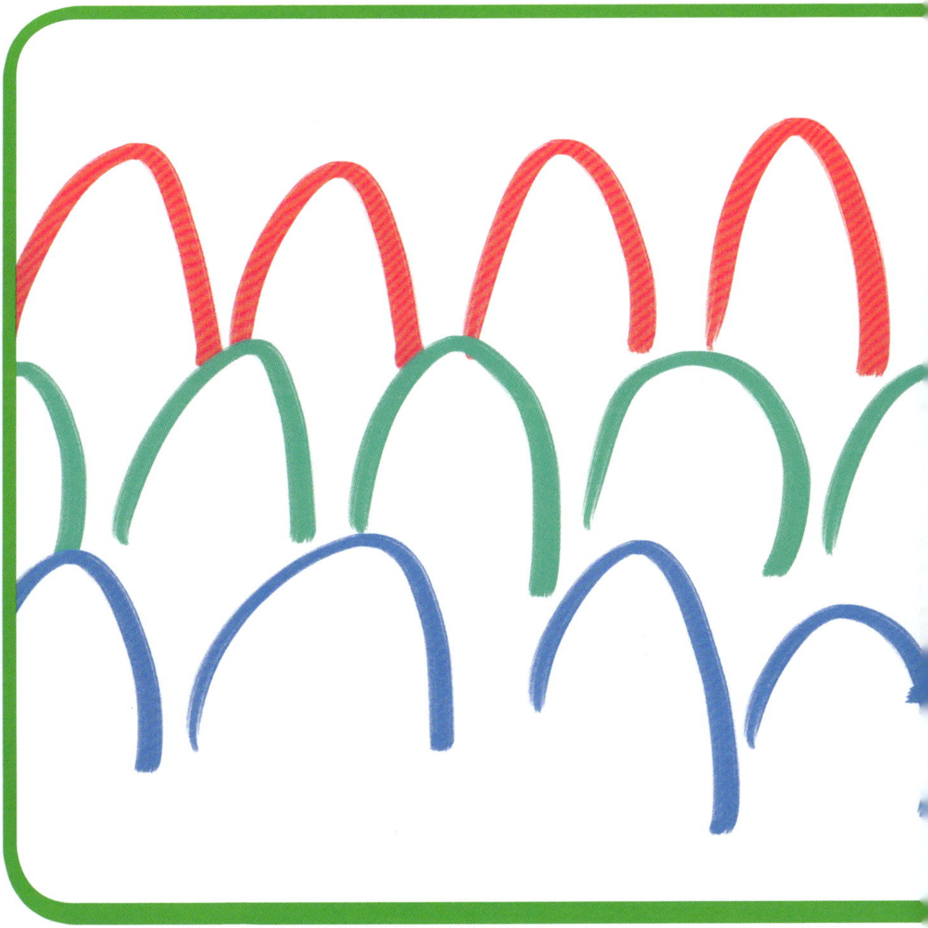

Tiene un patrón.

Observa los patrones.
Crea arte.